PORT-ROYAL
DES CHAMPS

NOTICE HISTORIQUE

A L'USAGE DES VISITEURS

PARIS
IMPRIMERIE DE E. MARTINET
RUE MIGNON, 2
1874

PORT-ROYAL

DES CHAMPS

NOTICE HISTORIQUE

A L'USAGE DES VISITEURS

PARIS
IMPRIMERIE DE E. MARTINET
RUE MIGNON, 2
1874

PORT-ROYAL
DES CHAMPS

NOTICE HISTORIQUE

A L'USAGE DES VISITEURS

Le nom de *Port-Royal* est célèbre dans le monde entier, et les grands souvenirs qu'il éveille doivent inspirer à tous les hommes éclairés le désir de contempler un moment ses ruines désolées. Ce désert, aux portes mêmes de Versailles, fait un heureux contraste avec la magnificence du palais et du parc, et il est impossible de bien comprendre le siècle de Louis XIV si l'on n'a visité Port-Royal au sortir de Versailles. Aussi voyons-nous chaque année de nombreux étrangers venir comme en pèlerinage à ce sanctuaire du génie et de la vertu; on y viendrait bien davantage si l'on n'était découragé, en face de ces ruines qui ont elles-mêmes péri, comme dit le poëte, par le manque absolu de renseignements précis. Il était nécessaire de combler cette lacune; tel est l'objet de la présente notice, qui comprendra naturellement deux parties : l'histoire, très-abrégée, de Port-Royal jusqu'en 1712, et la description détaillée de ses ruines dans l'état où l'on peut les voir aujourd'hui (1).

(1) Ceux qui voudraient connaître en détail l'histoire si dramatique de cette illustre maison liront avec fruit l'admirable *Abrégé* de Racine, qui s'arrête en 1665, et les curieux *Mémoires* de Fontaine, de Lancelot, de Du Fossé, de Pontis et de Guibert, amis fervents de Port-Royal. Les mémoires du jésuite Rapin, malgré de monstrueuses erreurs et des calomnies odieuses, présentent l'intérêt de la contradiction. Quant aux histoires complètes, on peut consulter celle de Besoigne en six volumes (Cologne, 1752), celle du savant bénédictin dom Clémencet, en 10 volumes (Amsterdam, 1756), ainsi que les nombreux abrégés que l'on a faits de l'une et de l'autre, et les histoires ecclésiastiques de Ellies Dupin et de l'abbé Racine. Il faut citer seulement pour mémoire le grand ouvrage de Sainte-Beuve, dont les vrais amis de Port-Royal font peu de cas parce que, malgré son talent, le célèbre académicien n'était pas digne de comprendre la vie des solitaires et des religieuses.

I

Le petit hameau de Port-Royal est situé à trois lieues de Versailles, sur la route de Dampierre ; on y arrive, soit de Trappes, petite station sur le chemin de fer de l'Ouest, soit de Saint-Rémy, près Chevreuse, sur la ligne de Limours, soit enfin, ce qui vaut beaucoup mieux, en prenant pour une demi-journée, à raison de 7 à 8 francs, une voiture à Versailles. Après avoir traversé le camp de Satory, la vallée de la Bièvre et le plateau de Guyancourt, on parvient à une seconde vallée en forme d'entonnoir, couronnée de tous côtés par des bois. Sur le bord est la ferme des *Granges*, habitée au XVIIe siècle par Arnauld, Nicole, Pascal et les autres *Messieurs;* au fond sont les ruines de la célèbre abbaye. Avant 1710, on voyait s'élancer au-dessus des arbres une flèche élégante surmontée d'une croix, et tout autour rayonnaient de grands toits en ardoise : c'étaient l'église, le monastère et les différents hôtels, que l'on peut reconnaître sur la gravure ci-jointe, reproduction d'une belle estampe exécutée en 1710, et saisie alors par ordre de la Cour. Aucun bruit dans cette solitude : le son d'une cloche argentine et les accents d'un chœur de femmes troublaient seuls, à des heures déterminées, le silence de ces lieux.

Fondé au commencement du XIIIe siècle sur la terre de Porrois (en latin *Porregius*, d'où le nom quelque peu ambitieux de *Port-Réal* ou *Port-Royal*), le monastère eut pendant quatre cents ans la destinée commune à toutes les maisons religieuses : le relâchement et le désordre s'y introduisirent, à tel point qu'en 1603 l'abbesse était une petite fille de onze ans. Mais tout à coup, et par une sorte d'inspiration, cette jeune personne entreprit en 1608 de réformer son abbaye, et malgré l'opposition de sa propre famille, malgré des obstacles sans nombre, la mère Angélique Arnauld, car c'était elle, réalisa pleinement son projet. En 1602, l'abbaye comptait douze religieuses masquées et gantées, conduites par des moines ignorants et vicieux ; la mère Angélique sut y réunir près de cent vierges vraiment chrétiennes, avec des confesseurs comme Saint-Cyran, Singlin, Lemaître de Sacy et le grand Arnauld. La bonne odeur que répandait au loin cette maison si sainte attira de tous côtés dans le vallon des personnes de piété ; de là, dès 1637, l'arrivée des premiers solitaires, et l'établissement des Petites-Écoles en 1643.

De là aussi les persécutions furieuses qui assaillirent aussitôt Port-Royal, car les jésuites s'émurent à la vue de cet institut nouveau qui menaçait de leur ôter l'influence et le crédit dont ils jouissaient dans le monde. Déjà l'on opposait à cette honteuse facilité qui leur faisait mettre, dit Bossuet, des coussins sous les coudes des pécheurs, la rigidité si chrétienne des théologiens et des confesseurs de Port-Royal ; on ne lisait plus que les livres de piété composés en si beau langage par Messieurs de Port-Royal ; encore quelques années, et l'éducation de la jeunesse, ce privilége exclusif des pères jésuites, allait passer aux mains des savants maîtres de Port-Royal. Les jésuites effrayés déclarèrent donc à Port-Royal tout entier une guerre à mort : religieuses, solitaires, amis du dedans et du dehors, ils jurèrent de tout exterminer. Mais il fallait des raisons, ou du moins des prétextes ; une société que saint Ignace avait fondée pour attaquer l'hérésie protestante ne trouva rien de mieux, pour ruiner ses adversaires, que de les déclarer hérétiques, servant ainsi ses intérêts particuliers sous couleur de défendre l'Église. En 1643, elle fit les plus grands efforts pour trouver dans l'ouvrage d'Antoine Arnauld sur la *Fréquente Communion* une ou plusieurs propositions condamnables ; mais le livre d'Arnauld, déféré à Rome, sortit de l'examen sans la moindre flétrissure ; toutes les intrigues des jésuites ne purent même le faire mettre à l'index. Il fallut donc attendre et se tourner d'un autre côté. Dix ans plus tard, en 1653, l'occasion tant cherchée se présenta d'elle-même. Un évêque flamand, nommé Jansénius, avait, dans un gros livre latin, l'*Augustinus*, combattu, avec force citations de saint Augustin, les opinions erronées du jésuite Molina, et ce livre, attaqué par les jésuites, était défendu par le docteur Arnauld. Il n'en fallut pas davantage : un ancien jésuite, Nicolas Cornet, fabriqua cinq propositions condamnables, les cinq fameuses propositions dites de Jansénius, qui contenaient sa doctrine *en substance*, dit Bossuet, mais pas en propres termes. Elles furent condamnées à Rome comme œuvre de Jansénius, et l'on prétendit, par un abus de pouvoir monstrueux, obliger tout le monde à déclarer que ces propositions étaient textuellement dans l'*Augustinus* de l'évêque

d'Ypres. « Nous les condamnons sans arrière-pensée, disaient Arnauld et ses amis, mais nous ne pouvons déclarer qu'elles sont dans Jansénius, car nous ne les y trouvons pas ; d'ailleurs c'est là un fait, et l'Église même ne peut exiger la croyance à des faits non révélés. — Signez qu'elles y sont, disaient les jésuites et, avec eux, la cour de Rome. — Montrez-les donc, répondaient les autres. » Et les jésuites, ne pouvant les montrer, crièrent à l'hérésie ; ils répandirent partout que les récalcitrants étaient des *jansénistes*. « Ils les nommèrent jansé-
« nistes, dit mademoiselle de Montpensier, comme on dirait
« calvinistes, afin que ce nom, qui a du rapport à l'autre,
« effrayât le monde et les fît passer pour des hérétiques (1). »

C'était de la part des jésuites un coup de maître ; depuis ce temps ils nommèrent janséniste quiconque leur déplaisait. Et quels monstres que ces jansénistes ! Ils avaient formé le projet de détruire la religion chrétienne pour lui substituer je ne sais quel déisme ; ils repoussaient avec horreur les sacrements et l'Eucharistie en particulier ; ils ne vénéraient point la Sainte-Vierge ; ils conspiraient avec les calvinistes de Genève ; ils rejetaient toute espèce d'autorité, celle du roi comme celle du pape ; enfin l'on n'avait jamais vu d'êtres plus abominables. Voilà ce qu'on disait sans cesse à Louis XIV dans le secret du confessionnal ; et ce prince ignorant, que les entreprises de la Fronde avaient épouvanté, s'imagina toute sa vie que Port-Royal, foyer du prétendu jansénisme, en voulait à sa couronne et peut-être à ses jours. Les pauvres religieuses de l'abbaye, qui n'avaient pas lu Jansénius, ne voulurent pas signer un formulaire d'Alexandre VII, déclarant que les propositions se trouvent dans l'*Augustinus ;* elles étaient bien coupables, car on leur disait pour les convaincre : « Si l'archevêque m'affir-
« mait que les marches blanches de cet autel sont noires, je
« le croirais (2). »

La guerre était ainsi allumée ; depuis ce temps Port-Royal n'eut plus de repos véritable. Les petites écoles furent fermées en 1656 ; on chassa les pensionnaires et novices en 1661 ; les solitaires et les confesseurs furent enfermés à la Bastille ou

(1) Le P. La Chaise disait finement que cette appellation de janséniste était leur *éponge à noircir*.
(2) Paroles d'un grand-vicaire de Paris à la sœur Briquet, qui lui répondit : Votre croyance ne changerait pas leur couleur.

réduits à fuir. Bientôt même on exila seize religieuses, et celles qui refusèrent de signer le fameux Formulaire sur les cinq propositions furent tenues en captivité à Port-Royal des Champs, jusqu'en 1669. A ce moment un pape éclairé, Clément IX, donna la paix à l'Église, et les jésuites promirent de vivre en bonne intelligence avec leurs adversaires ; mais ils violèrent aussitôt leur parole, et, en 1679, lorsque mourut la duchesse de Longueville qui protégeait Port-Royal, la persécution recommença plus terrible que jamais. Après des vexations et des tortures morales de toute sorte, le monastère des champs fut supprimé en 1709 par une bulle que Clément XI ne sut pas refuser aux obsessions de Louis XIV et des jésuites; M. d'Argenson, escorté de trois cents hommes bien armés, vint enlever vingt-quatre religieuses, dont une paralytique de quatre-vingts ans, qui fut portée à Mantes, et la maison fut mise au pillage. Restaient les bâtiments : les jésuites voulurent y loger les religieuses de Port-Royal de Paris, gagnées depuis longtemps par leurs intrigues (1), et prendre pour eux, afin d'y établir un grand séminaire, la maison du faubourg Saint-Jacques. Mais les Sulpiciens, effrayés à la seule pensée d'un séminaire jésuite qui ferait au leur une concurrence redoutable, obtinrent, par l'intermédiaire de madame de Maintenon, la démolition complète de Port-Royal des Champs.

On procéda à cette exécution avec une sauvagerie incroyable : une grande église et trente maisons furent rasées, et la charrue passa aussitôt sur ces ruines. Il ne resta rien. Je me trompe, la rage des démolisseurs a laissé debout les murs de clôture, la grange et le pigeonnier ! Ce n'est pas tout encore : Port-Royal était une vaste nécropole, et des corps en grand nombre reposaient dans cette terre de bénédiction ; les morts eux-mêmes furent exilés. Ceux qui avaient une famille, comme Racine, les Arnaulds, la princesse de Conti, la duchesse de Longueville et quelques autres, purent être transportés décemment à Magny-Lessart, à Palaiseau, à Paris ; les autres furent déterrés par des fossoyeurs ivres, disloqués, hachés à coups de bêche, et en partie dévorés par des chiens; leurs restes informes furent portés pêle-mêle dans des paniers, à dos de

---

(1) Ces dames de Paris faisaient encore mieux que les anciennes dont nous avons parlé, car elles donnaient des bals.

cheval, et jetés dans une fosse commune du cimetière de Saint-Lambert.

De pareils faits n'ont pas besoin de commentaires : c'est au lecteur à juger, en se rappelant toutefois qu'en 1710 un ami de Port-Royal, auteur de *Gémissements* sur la ruine de cette maison, terminait le second de ces gémissements par une belle prière pour les jésuites.

II

La destruction de Port-Royal des Champs a été si complète qu'on aurait aujourd'hui quelque peine à se représenter l'état du monastère avant 1709, si des fouilles, pratiquées par l'ancien propriétaire M. Silvy, et postérieurement par le savant duc de Luynes, n'avaient mis à jour la base des piliers de l'église. Grâce à cette découverte on a pu s'orienter dans ce dédale ; il a même été facile à un habile architecte de reconstituer le plan ci-joint, qui est d'une exactitude minutieuse.

On a vu ce qui reste de l'ancien Port-Royal : un colombier, une petite grange et le mur d'enceinte avec les tours carrées dont on l'a flanqué pendant la Fronde. Les déprédations commises dans la campagne par les soudards de l'un et de l'autre parti étaient si fréquentes et si terribles que les Messieurs, gens fort peu batailleurs, durent se fortifier dans le château de Vaumurier (1), à 300 mètres du monastère, et monter littéralement la garde sur les tours (n° 33 du plan). Ce mur d'enceinte était percé de deux ouvertures principales : la grande porte de l'abbaye et la porte de Longueville, toutes deux au nord. On y pénètre aujourd'hui par un sentier qui commence sur la route de Dampierre à l'endroit appelé *Pavé de Saint-Lambert*, et par l'ancienne porte de Longueville. Les visiteurs qui voudraient se représenter aussi bien que possible le Port-Royal du XVIIe siècle devront prendre ce dernier chemin ; ils laisseront leur voiture au bord de la vallée près de la propriété des Granges, et descendront la route escarpée que suivaient jadis les carrosses, et que suivirent vers 1840, malgré

---

(1) Le château de Vaumurier, où Pascal écrivit la seizième provinciale, n'a pas été détruit par la persécution de 1709 ; c'est la mère Angélique de Saint-Jean, alors abbesse, qui l'a fait raser vers 1680, parce que le Dauphin le convoitait pour y loger une de ses maîtresses. On peut en voir les ruines sur le côteau méridional, à gauche de la Solitude, et en face de la porte de Saint-Lambert.

de nombreux cahots, les voitures de la reine Amélie et de ses enfants. On arrive ainsi, non sans un serrement de cœur, dans ce qui fut la cour de Longueville (1). Quel spectacle ! au milieu de terres en culture on aperçoit à gauche, le long du mur, une ruine informe ensevelie sous le lierre et la vigne vierge : c'était le logement du portier, ou pour mieux dire du suisse de la duchesse. Près de là était le somptueux hôtel que se fit construire cette illustre princesse vers 1671, quand elle eut résolu, suivant son expression, de haïr le monde et d'en être haïe. Cette demeure se composait, comme on peut le voir en considérant le plan (n° 31) de deux bâtiments reliés à angle droit par un troisième, de manière à former une sorte de Z ; c'étaient d'abord les écuries et les remises, puis les communs, et enfin l'hôtel proprement dit, simple et belle construction de deux étages, entre cour et jardin. La cour était fermée du côté du couchant par une balustrade semi-circulaire, ou terrasse de Longueville ; au fond se trouvait une galerie couverte, conduisant au parloir de l'abbesse, et de là, en suivant le réfectoire des étrangers, ou salle des hôtes (n° 25), à l'église où la duchesse avait une loge grillée. Que reste-t-il de cet asile sacré de la pénitence, où la sœur du grand Condé sut expier les désordres de sa jeunesse, de cette retraite où elle pleura devant Dieu la mort tragique de son fils ? — Les ruines d'une loge de portier.

Sur la même ligne que l'hôtel de Longueville, dans des proportions infiniment plus modestes, s'élevait la maison de mademoiselle de Vertus (n° 30) ; la grande voûte, appelée à tort *caves de Longueville*, supportait en partie cette construction. Amie intime de la duchesse dont elle fut l'ange visible, dit Racine, mademoiselle de Vertus devait, malgré ses infirmités, lui survivre longtemps. Laissée par grâce dans sa maison, elle y mourut en 1692, après treize ans de souffrances continuelles.

Les deux hôtels qu'on vient de voir s'élevaient en dehors du monastère proprement dit ; ils n'étaient pas compris dans ce qu'on nommait la *clôture*, et tout le monde pouvait y pénétrer. Il en était de même d'un autre bâtiment encore plus

(1) On est obligé, quand on entre dans Port-Royal par la porte de Longueville, de commencer par se guider soi-même, car le logement du gardien se trouve sur l'emplacement de l'ancien moulin, au delà du colombier et de l'église. On y arrive en marchant droit au noyer pour suivre ensuite, sur la droite, une clôture qui entoure l'ancien cloître ; il est reconnaissable à un grand cadran solaire.

considérable, situé dans la grande cour extérieure de Port-Royal, à droite de la porte de Longueville dont il était séparé par deux murs de soutènement, et à gauche de l'ancienne porte de l'abbaye (n° 20). C'était un édifice de trois étages, avec douze fenêtres de façade (n° 22), auprès duquel se trouvaient (n° 32) des écuries, une menuiserie et une forge, apparemment pour réparer les carrosses que les cahots de la descente auraient par trop endommagés. Ce magnifique corps de logis, élevé en 1653 par d'illustres personnages tels que MM. de Liancourt, Duplessis-Guénégaud et de Pontis, était appelé officiellement *logement des Messieurs*, mais ce n'est là qu'une façon de parler, car toute la partie orientale, du côté de l'hôtel de Longueville, était exclusivement réservée aux dames, et le jardin de la maison était partagé de même. La rage des démolisseurs s'est attaquée tout particulièrement à cette vaste maison, dont il ne reste pas le moindre vestige. A la place des petits appartements qu'ont occupés Pascal, Racine, Boileau, le cardinal de Retz, Arnauld, Nicole et Duguet, ainsi que mesdames de La Fayette, de Sablé, de Sévigné, et cent autres d'une distinction si rare, il n'y a plus aujourd'hui qu'un champ de blé ; tel a été le bon plaisir du prince qui devait donner son nom au xvii° siècle.

Ne quittons pas la *cour du dehors*, comme on l'appelait, sans mentionner rapidement, en suivant sur la droite le mur d'enceinte, les autres constructions moins intéressantes dont les ruines sont englobées dans la ferme. C'était d'abord la porte principale de l'abbaye, percée dans la maison du portier (n° 20); elle existe encore en partie, et sert d'entrée particulière au fermier ; puis une petite masure nommée *chambre de saint Thibault*, parce qu'elle aurait, dit la légende, servi d'abri à ce saint anachorète (n° 19) ; puis la *maison de M. de Sainte-Marthe* (n° 18), habitée par cet admirable confesseur des religieuses avant que la persécution l'obligeât de rôder autour de Port-Royal comme un voleur pour exhorter ces pauvres filles. C'était enfin le colombier, aujourd'hui seul debout comme par une ironie cruelle, et près de là (n°ˢ 15, 16 et 17), une grange et des basses-cours. Il reste d'assez nombreux vestiges de ces constructions diverses ; on peut voir également le puits et la bouche d'égout qui sont indiquées sur la gravure, mais tous ces détails n'ont d'intérêt que pour les archéologues. Du colombier partait un mur qui formait la clôture ; il venait aboutir aux parloirs des religieuses (n° 7), et ces parloirs étaient contigus à l'église, du côté opposé à la galerie de Longueville.

En quittant les Caves de Longueville on aperçoit à quelques pas un amas de décombres couverts de lierre et de houblon, puis un grand espace vide où s'élève une petite chapelle. Il faut aller à droite et contourner un moment ces décombres ; mais prenez garde en suivant ce sentier à peine tracé, car vous foulez une terre doublement sacrée. C'est là qu'était avant 1711 le *cimetière du dehors* (n° 8) ; c'est là que notre immortel Racine a voulu reposer aux pieds du vénérable Hamon, solitaire et médecin de Port-Royal. Il espérait y attendre paisiblement la résurrection dernière, mais il avait compté sans la fureur de ces jésuites qu'il connaissait pourtant si bien. Sa famille reçut l'ordre de le faire exhumer, et le 2 décembre 1711 on transporta ses restes à Saint-Étienne-du-Mont. La pierre qui le couvrait, et sur laquelle son ami Boileau a fait graver la belle épitaphe qu'on y lit encore, avait été préalablement arrachée ; bien plus, on avait employé le fer pour en effacer le nom du poëte (1) ! Ce petit cimetière du dehors, surélevé d'environ 4 mètres en 1652, renferme certainement encore de précieux restes ; la preuve est qu'en 1712, après les dernières exhumations, le clocher de l'église, en tombant sur le cimetière, mit à jour un cercueil ; tous les corps ensevelis avant les travaux d'exhaussement doivent s'y trouver encore. Aussi ne tardera-t-on pas à entourer ce champ de repos, et à relever la modeste croix de bois qu'ont abattue les persécuteurs ; il serait à souhaiter qu'un généreux admirateur de Racine lui fît ériger, non pas une statue, mais un simple buste dans ce réduit cher à son cœur, où sa dépouille est demeurée douze ans.

Le cimetière de Port-Royal était tout proche de l'église, suivant la coutume de nos pères, il suffit donc de faire quelques pas, et l'on pénètre dans ce qui fut l'église du monastère (n° 1). Là surtout les souvenirs se présentent en foule, et ces tronçons de colonnes, déterrés depuis quelques années, n'ont pas moins d'éloquence que les ruines les plus grandioses. Par

---

(1) On peut s'en assurer en considérant cette épitaphe, placée à droite du jubé dans l'église de Saint-Étienne du Mont.

eux était circonscrit l'espace où se sont agenouillés tant de grands hommes et de si puissants génies, où Pascal a remercié Dieu du miracle opéré sur sa nièce et conçu peut-être ses plus belles pensées; où le grand Arnauld disait la messe pendant que la mère Angélique chantait dans le chœur; où madame de Longueville versait des larmes si chrétiennes; où le cardinal de Retz puisait en 1674 la force de quitter le monde; où Racine, bravant une disgrâce, allait vingt ans plus tard rendre les derniers honneurs au docteur Arnauld mort en exil; où enfin, car il faut abréger, quelques amis désolés conduits par Boileau disaient un éternel adieu, en 1699, à l'auteur d'*Athalie*. Cette église datait du beau siècle de l'architecture ogivale, achevée en 1230, dix-huit ans avant la Sainte-Chapelle, peut-être avait-elle une certaine valeur artistique, mais on l'avait fort maltraitée en voulant l'assainir au commencement de 1652. Il faisait un froid glacial sous ces grandes voûtes; souvent les eaux de l'étang débordé couvraient entièrement les dalles du chœur, et la mère Angélique voyait la mort décimer cruellement son petit troupeau. Elle songea d'abord à quitter pour jamais un endroit aussi dangereux, puis elle se résolut à faire exécuter des travaux d'assainissement. En même temps que l'on construisait de vastes dortoirs bien aérés, on exhaussa le sol de l'église en y jetant douze pieds de sable. Il était d'environ 50 centimètres plus bas qu'il n'est aujourd'hui, après les fouilles incomplètes de M. le duc de Luynes; il fut élevé au niveau de la chapelle actuelle, construite par M. Silvy (1). Les proportions architecturales étaient ainsi détruites, et l'église devint fort disgracieuse avec ses colonnes à demi ensevelies; mais du moins, à partir de 1652, Port-Royal cessa d'être un séjour meurtrier.

Comme toutes les chapelles de couvent, cette église comprenait deux parties distinctes : l'une pour les sœurs, et l'autre pour le public. La nef et ses deux bas-côtés, sauf la sixième et dernière travée, qui supportait le clocher, appartenaient aux

---

(1) M. Silvy, propriétaire de Port-Royal, était un ancien magistrat fort versé dans les controverses religieuses de ces derniers temps. Il a laissé quelques écrits curieux ; il a fait mieux encore, et les belles écoles de Saint-Lambert et de Magny, fondées par lui, attestent son bon cœur. Il faisait exécuter de grands travaux à Port-Royal, mais sans méthode; c'est lui qui est l'auteur des vers brûlants qu'on peut lire çà et là sur les ruines. — Il est mort en 1847, âgé de quatre-vingt-sept ans.

religieuses, de même que la grande croisée du sud, où était leur chapitre. Au sortir du cloître, elles suivaient en procession le bas-côté de droite et arrivaient ainsi jusqu'à l'ancienne entrée de l'église. Là se trouvait une sorte de vestibule entouré de boiseries magnifiques, avec un autel de chaque côté pour les reliques. Ensuite venait le chœur des religieuses qui occupait toute la nef; elles se plaçaient à droite et à gauche dans leurs stalles respectives, et une grille leur permettait de voir l'autel sans être vues de personne. L'office était chanté par elles tout entier, et comme, d'après les constitutions du monastère, on devait s'appliquer à bien étudier le plain-chant, cet ensemble de quatre-vingt-dix voix produisait sans doute un effet saisissant.

Le grand autel, d'une riche simplicité, avec la *Cène* de Philippe de Champaigne sur le retable (1), était dans la première travée de l'abside; derrière s'ouvrait la petite sacristie du clergé. A gauche, devant la tribune de Longueville, s'élevait l'autel de saint Laurent, et du même côté, près du chœur des religieuses, le petit autel de la Vierge. Le reste de l'église, c'est-à-dire les deux tiers du transsept et la sixième travée de la nef, était accessible au public; c'est là que nos Messieurs venaient prier avec la ferveur que l'on sait. Ils entraient par la grande porte avec tambour de la croisée septentrionale, ou encore par la porte du cimetière du dehors, non loin de l'endroit où l'on peut voir un petit mur circulaire (2).

L'église de Port-Royal ne fut pas comprise dans l'ordre de démolition qu'obtinrent les Sulpiciens en 1710; il était même stipulé qu'on laisserait un chapelain pour la desservir. Mais si le roi très chrétien n'osait pas toucher à ce sanctuaire du Saint-Sacrement et le renverser comme le prêche de Charenton, ceux qui dirigeaient sa conscience n'eurent pas les mêmes scrupules. A force de répéter cette parole du psaume, *Exinanite usque ad fundamentum in ea; détruisez-la jusque dans ses*

---

(1) L'autel de Port-Royal est aujourd'hui, dit-on, dans l'église de Magny-les-Hameaux, autrefois Magny-Lessart, à 4 kilomètres de là. Le tableau de Champaigne est au Louvre, ainsi que le *Christ au tombeau*, et l'admirable ex voto qu'on appelle les *Religieuses*. Ces deux toiles proviennent également de Port-Royal, qui en comptait d'autres encore.

(2) On ne sait pas au juste à quoi servait ce petit mur; il est infiniment probable que c'était la base de la chaire à prêcher, qui était fort belle; adossée au gros pilier, elle avait un escalier tournant dont on croit reconnaître la trace.

fondements, ils obtinrent la destruction de l'église. Elle fut donc entièrement rasée, mais les démolisseurs ne creusèrent pas assez profondément, et la base des piliers ne fut pas arrachée (1). Il résulte de là que le sol primitif, celui de 1651, n'a pas été fouillé : il est tel aujourd'hui que l'ont fait les travaux de la mère Angélique. Les nombreuses sépultures de fondateurs et d'anciennes abbesses qu'il renfermait alors, il les renferme certainement encore. Un jour viendra sans doute où, réparant le crime de 1710, les propriétaires actuels rendront à tant de morts illustres les honneurs que réclame leur cendre ; on exhumera pieusement les corps qui restent dans l'église et dans le cimetière, et désormais le visiteur ne marchera plus sur des tombeaux.

C'est par des considérations de ce genre que l'on a fait élever sur l'emplacement du maître-autel le monument qu'on y voit aujourd'hui. Un sanctuaire autrefois si vénéré servait de repaire aux animaux des champs : M. Silvy voulut y faire construire une chapelle. Mais Port-Royal anéanti compte encore des ennemis implacables, et l'autorité diocésaine eût refusé, comme elle l'a fait aux Granges, de bénir ce modeste édifice : au lieu d'une chapelle on n'a pu faire qu'un oratoire et un musée renfermant des gravures, des copies de tableaux, des autographes et des plans. Là sont les portraits de Saint-Cyran, du grand Arnauld, de Pascal, ce dernier donné par la reine Marie-Amélie en souvenir de sa visite ; le portrait de la mère Angélique, et beaucoup d'autres encore. On ne pourra les contempler sans émotion, si l'on songe que tant de saints personnages se sont prosternés là, devant ce sanctuaire, et qu'on l'a détruit sous prétexte de sauver la religion.

Les ruines de l'église sont ce que Port-Royal contient de plus curieux ; aussi peut-on passer rapidement sur les autres parties du monastère, qui ne se distinguait en rien des couvents ordinaires. Les bâtiments étaient solides, propres, commodes, mais on avait affecté d'en bannir toute élégance ; et le cloître même, construit en pierre avec des arcades de briques, était d'une extrême simplicité. Il entourait le *cimetière du dedans* (n° 3)

---

(1) Le mur de l'église est beaucoup plus élevé du côté du midi, parce que le cloître était de 4 mètres plus bas que le pavé rehaussé, et qu'il fallait soutenir les terres. On n'avait pas les mêmes raisons de l'autre côté, aussi les démolisseurs ont-ils arraché, pour les vendre, le plus de pierres qu'ils ont pu.

réservé aux religieuses, et il leur servait de promenoir, suivant le précepte de saint Benoît, pour que l'image de la mort s'offrît continuellement à leur pensée. Fermé au nord par le côté droit de l'église, il l'était à l'est par le *dortoir des religieuses* (n° 2), grande construction de trois étages avec vingt fenêtres de façade. La sacristie des religieuses, les cuisines et le réfectoire occupaient tout le rez-de-chaussée; la roberie, les salles d'infirmes, la chambre de l'abbesse et la communauté étaient au premier; quatre-vingts cellules remplissaient le second et le troisième étage. Au sud était le *dortoir des novices* (n° 4), continué hors du cloître par l'*infirmerie* et le *moulin* (n°s 9 et 10). A l'ouest, enfin, entre l'infirmerie et les parloirs, une galerie d'un étage dont on ne connaît pas bien l'emploi : les anciens plans en relief la désignent sous le nom de *Bibliothèque*, mais dom Clémencet y place les dépendances de l'infirmerie (n° 5).

La vie des religieuses n'était pas exclusivement contemplative, car elles travaillaient des mains, soit pour les pauvres, soit pour la maison. Elles lavaient, filaient, cuisaient le pain, faisaient les vêtements et les chaussures de la communauté; elles exécutaient une infinité d'ouvrages de menuiserie, de serrurerie, de ferblanterie, de peinture, de vitrerie et même de reliure; elles composaient enfin, avec les simples d'un jardin spécial, beaucoup de médicaments pour les malades des alentours, et quelques-unes faisaient de petites opérations ou des pansements. Aussi trouvera-t-on sur le plan un certain nombre de maisonnettes connues sous le nom de boulangerie, chirurgie, pharmacie, tannerie (1), buanderie, menuiserie, forge, et d'autres encore. Pour filer elles se réunissaient dans un réduit écarté de leur enclos qu'on appelait la *solitude* (n° 38). Située sur la lisière d'un petit bois, au bord d'un ruisseau limpide qui sortait de l'étang (n° 39) (2), la Solitude offrait durant les ardeurs de l'été une retraite délicieuse, et semblait inviter à la rêverie; mais une croix de bois plantée sur un tertre au fond de ce demi-cercle rappelait bientôt les esprits à des pensées plus sévères : on ne pouvait oublier un seul instant dans cette abbaye qu'on était loin du monde et qu'on se préparait à la mort.

(1) On voit encore les ruines de la tannerie, du milieu desquelles s'élance un magnifique bouleau.
(2) L'étang n'existe plus depuis quelques années, M. Silvy l'a fait déssécher et on le cultive.

Voilà ce qu'on peut voir de l'ancien Port-Royal ; le nouveau n'offre aucun intérêt. On peut néanmoins, dans la maison de M. Silvy, construite sur l'ancien moulin, visiter une galerie de tableaux assez curieuse. Il faudrait enfin, pour compléter cette petite excursion, monter à la maison des Granges, située sur le penchant septentrional de la colline, et habitée, comme on sait, par les plus illustres solitaires. Cette maison n'a pas été détruite par la persécution de 1710, et ceux qui la possèdent ont eu l'heureuse idée de lui conserver sa physionomie ; l'étage supérieur est tel qu'il était au XVII° siècle. Malheureusement l'accès des Granges n'est pas très-facile, et l'on n'y pénètre point en l'absence des propriétaires ; si l'on a l'heureuse chance de se faire ouvrir la porte, les renseignements ne font nullement défaut, et c'est un beau spectacle que le vallon de Port-Royal vu de la chambre d'Antoine Arnauld.

Ces quelques pages suffiront pour guider les étrangers au milieu des décombres ; puissent-elles inspirer à ceux qui visiteront Port-Royal le désir de connaître plus à fond son histoire ! Comme le catholicisme libéral et intelligent dont il a été cent ans la vivante image, Port-Royal ne redoute nullement la lumière : plus on l'étudie, plus on a de vénération pour ces admirables religieuses, pour ces défenseurs intrépides de l'antique foi chrétienne, qui l'ont soutenue contre les protestants, contre les docteurs du relâchement, contre les politiques romains qui veulent asservir toute l'Église. Port-Royal a péri ; ses ennemis triomphants poursuivent encore ses tristes restes ; dira-t-on que la religion chrétienne en soit plus florissante ? On accusait Port-Royal de jansénisme, mais c'est une odieuse calomnie dont Bossuet a fait justice quand il a dit : « La régu- « larité passe pour rigueur, on lui donne un nom de secte. » Ce prétendu jansénisme consistait uniquement à pressentir et à vouloir empêcher les maux qui nous désolent aujourd'hui. Port-Royal avait horreur des nouveaux dogmes : telle a été la cause principale de sa ruine.

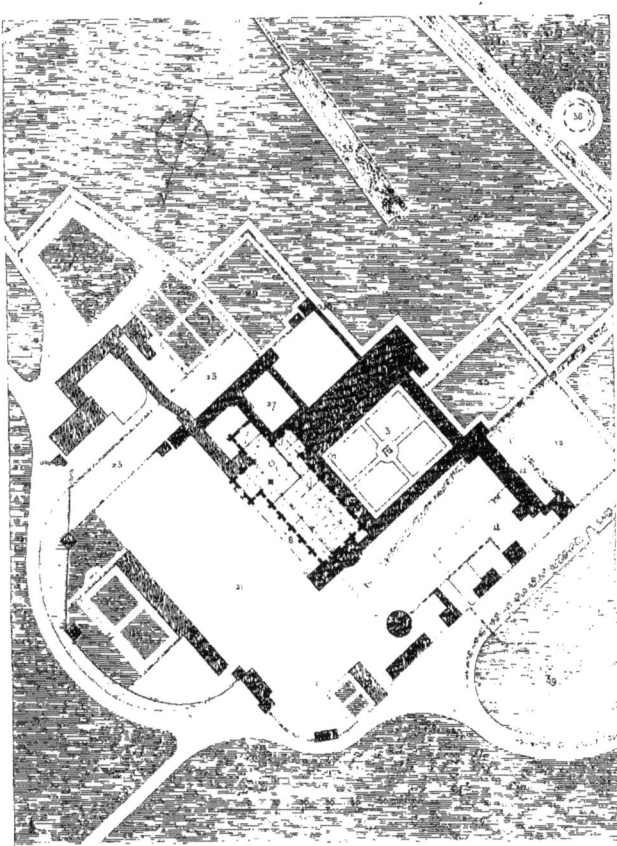

1 Eglise.
2 Grand Dortoir.
3 Cloître et Cimetière.
4 Cloître Saint-Charles.
5 Bâtiment des Pensionnaires.
6 Donjon.
7 Parloir.
8 Cimetière du dehors.
9 Infirmerie.
10 Moulin.
11 Cour et Hangar du Moulin.
12 Cour de l'Infirmerie.
13 Jardin des simples.
14 Basse-Cour.
15 Poulailler.
16 Grange.
17 Colombier.
18 Maison de M. de Sainte-Marthe.
19 Chambre de Saint-Thibault.
20 Entrée de l'Abbaye.
21 Cour du dehors.
22 Logement des Hôtes.
23 Terrain en glacis.
24 Chirurgie, Pharmacie.
25 Salle des Hôtes.
26 Tour et Parloir de l'Abbesse.
27 Cour du dedans de l'Abbaye.
28 Fontaine de la Mère Angélique.
29 Jardin de l'Abbesse.
30 Hôtel de Mlle de Vertus.
31 Hôtel de Mme de Longueville.
32 Ecurie, Forge et Menuiserie
33 Ancienne Tour.
34 Tannerie.
35 Canal.
36 Potager.
37 Buanderie.
38 Solitude.
39 Etang.

H. Souvestre, arch.

www.ingramcontent.com/pod-product-compliance
Lightning Source LLC
Chambersburg PA
CBHW071413060426
42450CB00009BA/1882